AF250660

AUX BISMARKOIS !

1870, 1871, 1872, 1873, 1874, 1875, 1876, 1877, 1878, 1879...

HISTORIQUE

DE LA

PERTE DE L'ARMÉE FRANÇAISE

DE LA

RUINE DE L'ALLEMAGNE

ET DU

DÉSARROI DE TOUTE L'EUROPE

> « Je suis l'homme le plus
> détesté de l'Europe!! »
> Von Bismarck.

Par M. JULES BART, DE VERSAILLES

OFFICIER DÉMISSIONNAIRE VOLONTAIRE APRÈS LA GUERRE

1879-1883

4e ÉDITION

CHEZ L'AUTEUR, 20 RUE DU CROISSANT, A PARIS

AUX BISMARKOIS !

1870, 1871, 1872, 1873, 1874, 1875, 1876, 1877, 1878, 1879...

HISTORIQUE

DE LA

PERTE DE L'ARMÉE FRANÇAISE

DE LA

RUINE DE L'ALLEMAGNE

ET DU

DÉSARROI DE TOUTE L'EUROPE

« Je suis l'homme le plus
détesté de l'Europe ! »
Von Bismarck.

Par M. JULES BART, DE VERSAILLES

OFFICIER DÉMISSIONNAIRE VOLONTAIRE APRÈS LA GUERRE

1879-1883

4e ÉDITION

CHEZ L'AUTEUR, 20 RUE DU CROISSANT, A PARIS

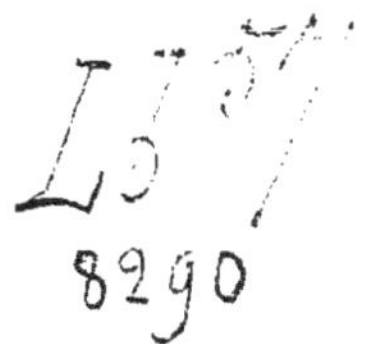

Les faits qui appartiennent à l'histoire ne doivent être tus.

Faire connaître que les malheurs publics proviennent de la corruption de certains hommes, c'est faire acte de bon citoyen.

(L'Auteur.)

AUX BISMARKOIS!

En 1815, le Maréchal Randon, alors capitaine, commandait le feu sur Napoléon Ier à Grenoble. C'est su de tous.

En 1848, il mettait dans l'armée, son influence, contre le prince, et, aussitôt celui-ci élu, il adressait à ses amis; mieux que cela, à ses intimes, une lettre particulière leur offrant la garde militaire de leur demeure, en cas...

Et plus tard, quand on représenta à l'empereur son erreur d'employer un tel homme, il répondit :

« Que voulez-vous... en politique, il faut pardonner beaucoup. »

C'était pourtant de cet homme-là dont on devait *se servir* pour spolier la France, la ruiner militairement et finalement la livrer à l'ennemi.

Voyons-le :

Pour s'en défaire, on lui donne le 11 décembre 1851 le gouvernement de l'Algérie. En 1856, il intrigue à Paris, fait sa cour, et, ambitieux, il obtient, afin de satisfaire aux prescriptions de la loi qui veut que pour être Maréchal de France on ait commandé en chef une armée, il obtient, disons-nous, une colonne pour aller faire la guerre... aux Kabyles!

(Au ministère de la guerre, l'Intendant militaire Robert regnante ! !)

Depuis notre domination en Afrique, les Kabyles, gens industrieux et travailleurs, restant chez eux, au contraire des autres Arabes nomades, étaient venus d'eux-mêmes au-devant des hostilités, s'offrant de payer l'impôt sans lutte; (comme ils le faisaient aussi conditionnellement, antérieurement avec le Dey), pour qu'on n'occupât pas le territoire; qu'on les laissât à leurs occupations d'industrie et de commerce. Gens sensés, comme on voit, plus avancés qu'on ne pourrait le supposer.

Au reste, abrités dans un pays de montagnes escarpées et dans une position de défenses naturelles des plus sûres.

Qu'y avait-il donc de convenant à les batailler?

Ils étaient soumis; il n'y avait donc pas à les soumettre. Ils payaient régulièrement l'impôt ; il n'y avait non plus de motif de ce côté-là. Était-ce l'espoir de razzias?... on n'en a pas fait.

Par une excellente raison, c'est qu'on n'y est pas entré...

On arrive, on attaque; le Général de division Maissiat lance une compagnie ; les balles retombent des cactus derrière lesquels les Kabyles ripostent, abrités et bien résolus.

Tout est inutile, on n'ira pas plus loin et comme il faut expliquer toute reculade, c'est le brave Général Maissiat qui sera le bouc émissaire de cette première tentative.

Sa disgrâce est assurée.

Quittez votre division de Constantine, Général, partez!... Vous, Madame, sa digne compagne si noble et si bienveillante, qui faites les honneurs des réceptions de votre maison avec tant de bonne grâce, écoutez tous les Officiers qui sont accourus à votre invitation, quoique votre mari soit déjà en disgrâce.

Il ont pris part, eux aussi, par devoir, à cette mémorable campagne; ils en savent les incidents comme les causes, et vous entourent, vous et votre mari de leur respect et de leurs sympathies, en protestant!...

Et demain, quant viendra le départ du Général, tous lui feront cortège au loin, jusqu'à ce que le jour ait disparu.

Mais que voyons-nous dans cette brillante et longue file de cavaliers : des Officiers d'infanterie qui se sont montés pour la circonstance.

La protestation est complète!...

Revenons en Kabylie ; c'est-à-dire à ses abords.

Qu'est-ce là?... des placards.

Ah! ces zouaves!!...

« Il a été perdu en Kabylie un bâton de Maréchal, récompense, etc. »

Ne vous intimidez pas, commandant d'armée, voici que du ministère (Intendant Robert regnante,) on vous accorde en plus de votre premier effectif, dix mille hommes et deux mille mulets de charge.

Allons, partons maintenant.

●　　●　　●　　●　　●　　●　　●　　●　　●　　●　　●　　●　　●　　●　　●

Il faut que l'armée sache que, quoique n'appartenant pas à l'armée, il s'est trouvé à notre époque un homme de cœur, un vrai français d'âme et d'énergie, qui n'ayant jamais hésité devant la vérité, a transmis à l'histoire, avec toute l'autorité et l'indépendance de sa fierté, la suite de cette seconde tentative.

Entrons au musée de Versailles, dans la salle des Maréchaux.

Le Maréchal n'est encore que Général, l'incubation se forme.

Le voilà, près de sa tente, en rase campagne, les pieds sur une descente de lit, tournant le dos à une longue file serpentante de Kabyles qui se présentent à la queue leu-leu pour recevoir la Décoration qui leur est attachée par un capitaine ou un lieutenant (à coup sûr ce n'est pas un sous-lieutenant), qu'il est impossible de reconnaître, le peintre lui ayant caché le visage, et l'ayant à moitié effacé dans le cadre.

Le Général-Maréchal, on le voit, est content *in petto*; sa face écrasée, avec ses moustaches coupées en brosse, observance militaire pour ne pas se salir en mangeant, est redressé fièrement, pendant que le bras droit tendu, l'index de la main s'arrête sur deux petits yatagans incrustés, placés en croix sur un tambour à terre.

Oui, il aimait les armes riches; il ne devait pas tarder, tout puissant au Ministère, à faire connaître ses préférences, en demandant par circulaire officielle, l'envoi en France de toutes les armes riches prises dans les diverses affaires pour être reparties dans les musées d'artillerie de France.

Qu'on les cherche...

Ah! M. Horace Vernet, vous nous aviez habitués dans d'autres toiles à l'énergie de votre caractère, à la fécondité de votre pensée, à la puissance de votre esprit; ici, vous vous êtes surpassé par l'application de toute votre causticité.

Heureux l'Intendant qui échappe à un peintre tel que vous! mais ils sont modestes et ne tiennent pas à ce qu'on les peigne.

« Vous êtes des Inutiles — disait à l'un d'eux en Afrique, le Maréchal Pélissier, l'homme de guerre par excellence, — et quand je serai Ministre de la guerre, je vous supprimerai tous. »

. . . .

Vainqueur donc, ayant rempli les obligations pour le Maréchalat, l'installation au Ministère commence; et comme l'homme à l'oreille cassée à sa rentrée dans la vie après 40 ans, demande en premier l'annuaire, le Maréchal-Ministre, demande son dossier et y lit ceci:

Petit homme, petit soldat, petit esprit!

Pour le coup c'est trop fort!

Mais alors, monsieur l'Intendant regnante, je ne puis rester ici. Que dirait-on dans l'armée!!...

Si vous continuez à parler de la sorte, c'est évident... mais mon cher Général-Maréchal-Ministre, c'est précisément ce qui nous a fait vous choisir... et à moins que des scrupules de conscience?...

Le couvert de votre signature nous suffit... les heures sont de dix à onze le matin et de quatre à cinq le soir pour le pressé.

On vous fera placer une chancelière sous votre bureau.

. . . .

Lors de la guerre Austro-Allemande en 1866, à la veille de Sadowa, le Maréchal Randon supprime *un bataillon et un esca-*

dron par régiment, alors que l'Empereur s'évertuait à parcourir la Suisse, fesant interdire le passage sur le territoire, de l'armée Allemande et prescrivant aux Suisses d'armer.

C'est cette même année, prince de Bismarck, que vous étiez en France, préparant votre entrevue avec l'Empereur à Vichy.

On sait le reste : Le prétexte du prince de Hohenzollern, la guerre déclarée sur les insistances du Maréchal Lebœuf, placé alors auprès de l'Empereur comme aide-de-camp ; autre similaire et complément nécessaire du Maréchal Randon.

Le Maréchal Randon s'effaçant pour aller en villégiature en Suisse. (Quant on récapitule toute la vie du maréchal quelle tristesse ne ressent-on pas !) nos armées sans effectifs, sans cohésion et sans le nécessaire ; ni sans que le Ministère (Intendant Robert,) qui avait tout absorbé en ses mains, puisse, même après coup, donner le nécessaire !

Pourtant les trois choses indispensables pour l'état de guerre étaient aux mains de l'Intendant Robert : *On venait de voter 750 millions.*

. . . .

Un détail rétrospectif est à observer au sujet du Général Lebœuf fait Maréchal après la campagne d'Italie et d'un Intendant du nom de Pagès, décédé depuis.

C'était le lendemain de Solférino.

Un convoi de blessés, conduit par un chef d'escadron du train et un convoi d'artillerie allant en ravitaillement, conduit par un lieutenant-colonel partaient du champ de bataille de Solférino pour se rendre à Brescia.

L'Intendant Pagès les rejoint, prend le commandement du tout, et... des cavaliers blancs soulevant la poussière avec leurs chevaux, lui paraissent de la cavalerie autrichienne et lui font prendre le grandissime galop en semant l'alarme !...

Il arrive seul à Brescia ! après avoir passé la grille de la ville il arrête son cheval qui tombe raide mort. (Etait-il lancé ce cheval !) Le général Lebœuf qui commandait en chef l'artillerie de réserve de la garde à Brescia apprenant cela, *part tout seul et s'esquive* sur un caisson.

Pendant ce temps, les voitures des blessés sont culbutées à travers champs ainsi que les caissons d'artillerie.

Or, ces cavaliers étaient des chasseurs d'Afrique, en blouse grise de corvée, allant faire boire leurs chevaux...

Voyons maintenant le rapport *du même Intendant.*

Conclusion :

« En conséquence, et considérant qu'il faut admettre cette » panique comme un évènement de guerre, nous estimions qu'il » n'y a *pas lieu d'en rechercher les causes ni les pertes matérielles.*

Là dessus, l'Intendant Pagès et le général Lebœuf se nomment : l'un Commandeur de la Légion d'honneur, l'autre Maréchal de France pour *avoir commandé en chef* l'artillerie de réserve à Brescia ; A BRESCIA ; (car elle n'a donné nulle part durant toute la campagne).

Les deux Officiers Supérieurs, eux, se sont brûlé la cervelle !

L'intendant Robert régnante, tels étaient les puissants qui devaient préparer la guerre de 1870.

II

Alea jacta est !... La Prusse s'est fait déclarer la guerre ; elle était prête et sauf le maréchal Lebœuf, le *confident du Ministère*, nous ne l'étions pas. — Taisons-en la cause.

Les faits sont accomplis en 1870-1871.

CE QUE VEUT L'ENNEMI, C'EST DE L'ARGENT... le pistolet au poing, au grand jour, en pleine civilisation.

Auri sacra fames!

Prince de Bismarck, voici l'argent; vous êtes satisfait, soit. Mais êtes-vous aveugle ou vous jouez-vous de toutes les nations?

Qu'avez-vous fait : vous avez tué la Poule aux œufs d'or!... et ce n'est pas là une des moindres causes qui fait que de VOTRE PROPRE AVEU, vous êtes *l'homme le plus détesté*.

Jamais, sous aucun gouvernement, la France n'avait été aussi prospère que sous l'Empire depuis 1852. Ce n'est point une appréciation en l'air. C'est patent, par le fait qu'ayant financièrement surpassé l'Angleterre sur les Comptoirs de l'Europe, nous avions, dispersés à l'Étranger, sur toutes les opérations qui rendaient aussi à tous cette époque prospère par notre impulsion, nous avions *treize milliards*.

Qu'est-il arrivé : C'est que nous vous avons retiré ces 13 milliards qui concourraient à vos moyens d'industrie, et qu'alors, aussitôt, vous avez vu se produire la crise de Vienne, de Francfort, de Bruxelles, de Londres, de Berlin quand même, et jusqu'à New-York !

Et ce n'est pas seulement ces 13 milliards que nous vous avons retiré ; mais aussi le crédit de ces 13 milliards, c'est-à-dire 13 fois 13 milliards, ou plus encore, pour approcher du réel, la racine carrée de ces 13 milliards.

Voilà le calcul qu'il faudrait faire.

. . . .

Vous êtes venu attaquer un peuple de travailleurs !

Oh, monsieur de Bismarck, qu'avez vous fait !!

Vous étiez pauvres ! ! !

Chacun de nous a pu voir au Havre, chaque semaine, l'émigration d'un millier d'Allemands, hommes, femmes, vieillards, enfants, tous inquiets et résignés, puant la misère et la promiscuité, s'embarquant tous ensemble pour l'Amérique.

Cette situation allait s'amoindrissant, grâce au rayonnement de la France, et vous l'avez ramenée en tuant la poule aux œufs d'or.

Qu'avez-vous fait !

La misère est telle que vos prêtres en chaire, en reviennent à conseiller à toutes ces bonnes gens, l'émigration

Cette situation avait cessé pour eux et vous l'avez ramenée. Qu'avez-vous fait ! !

Puis, pour rappeler tout en une fois, un Député vous vient dire en pleine Chambre, *après 7 années de milliards,* que l'on doit *vous imputer la ruine publique* ! ! !

Et cette ruine-là a de profondes racines qui s'étendent chaque jour, savez-vous bien, au lieu de s'effacer.

Et cela durera, et ce ne serait pas une nouvelle guerre spoliatrice qui changerait votre situation ; elle ne ferait que l'aggraver ; car pour que vous existiez il faut forcément que la France vive.

Le Grand Frédéric en convenait, Monsieur, bien avant que de nouvelles conditions lui donnassent encore aujourd'hui doublement raison.

Et si vous lui preniez de nouveau son argent, à cette France, vous vous ôteriez à vous-même la vitalité.

O Bismarkois qu'avez-vous fait !

Vos dotations dureront ce qu'elles dureront.

Nous les pensons sans consistance, elles sont du reste assez réprouvées dans votre pays.

III

Nous n'entrerons pas dans les considérations politiques qui font que de tous côtés aujourd'hui on déplore l'isolement où *nous nous tenons* : Peuples Égoïstes qui n'avez pas compris que cette guerre était pour le profit de quelques-uns et êtes restés cois, vous êtes punis ; mais en dehors de ce *besoin universel* de la France, il faut, ô Bismarkois, que vous sachiez ceci :

Le soldat français reste, tout Intendant Robert mis de côté, le premier soldat du monde pour des causes que nulle autre nation ne pourra acquérir, que nous avons observées et que nous affirmons sciemment.

Ni l'appréciation du Prince Frédéric-Charles sur les moyens de battre les Français, ni le nombre que vous nous avez opposé ne prévaudront.

Et si, dans la dernière campagne, vous avez eu le dessus, vous ne le devez pas à la science militaire d'Iéna ; vous le devez uniquement à l'intendant Robert :

Il avait tout absorbé ; tout ce qui était élevé de grade dans l'armée, si capable qu'il fût, ne comptait que *comme une unité.* La routine dominait, inattaquable, pendant que vous vous consolidiez.

Les meilleurs instincts étaient réprimés et étouffés.

Son système d'étouffement surprenait l'armée, sans qu'on sût nettement d'où il partait, ni à qui l'imputer.

Il avait soin de rester obscur et de s'effacer.

Et quand un homme de cœur, à force de luttes stériles et plein de sa conviction de la ruine de l'armée, se réfugiait dans la non-activité pour reprendre sa liberté de parler, une note secrète à son dossier le tuait à tout jamais.

Non est nobis cum, disiez-vous.

Et si, une fois dispensé de la voie hiérarchique, le victimé allait directement au nouveau Ministre, le Ministre, porté à une réparation, se trouvait arrêté par la petite note secrète que vous lui mettiez confidentiellement sous les yeux.

Le mystère prenait alors une force de consistance plus grande ; lui, rebuté, comprenait toujours de moins en moins.

Il finira par se casser la tête aux murs, pensiez-vous, Intendant Robert, *semper regnante*!... C'est alors que vous *provoquiez* des inspecteurs-généraux de faire savoir le jour où, enfin, votre adversaire serait devenu fou.

C'était là un de vos procédés !

Et les bons instincts quittaient l'armée ; ou, s'ils ne le pouvaient, ils restaient anéantis et sans force : votre but était atteint.

O Escobar ! ô Loyola ! aviez-vous jamais pensé qu'un jour vos moyens s'introduiraient dans l'armée pour perdre toute une grande nation et amonceler tant de ruines.

Il est parti du ministère sans qu'on s'en aperçût, son secrétaire, le sieur Panafieu, guidant son successeur, pour éviter les achoppements.

Puis, dès lors, cet homme mis de côté, les hommes vraiment français ont relevé la France et vous tiennent aujourd'hui dans une étreinte mortelle qui tue votre nation plus que si nous vous faisions la guerre.

Intelligentia, labore, fortitudine, CREDITOQUE.

IV

Napoléon premier, parcourant l'Europe, portait la civilisation au milieu de peuples grossiers et obscurs, vous, vous avez porté par contre-coup la ruine et le discrédit ; tuant la poule aux œufs d'or.

Vous resterez éternellement, comme un autre Attila, l'homme le plus détesté.

Comment vous qualifier ?

Ce n'est pas tout :

Vous avez voulu d'un roi faire un empereur et vous avez tué les monarchies ! !

(O téméraire, imprudent, vous êtes venu porter vos exploits dans un pays où le poète a fait trembler ces mêmes monarchies rien qu'avec la verve de ses chansons.)

Comment vous qualifierez-vous ?

Vous n'êtes pas féroce pourtant, ni fourbe ; et alors, si vous êtes l'homme le plus détesté, comment qualifier votre nature.

. . . .

La plus grande réprobation que votre nation ait pu infliger à vos actes, c'est que *c'est elle* qui a fourni à la France la souscription des cinq milliards.

Dans deux armées il y a toujours l'une victorieuse et l'autre vaincue ; mais quel hommage dans cet apport de fonds au vaincu par le vainqueur, sitôt après le combat !

. Armez encore si vous le voulez, tant et plus ; mais nous pensons, nous, que vous avez tué la guerre !

Quand la science financière n'était pas encore affermie, on employait beaucoup d'argent pour faire la guerre. — *Ultima ratio Regum.* — Aujourd'hui on évite la guerre pour maintenir l'état financier. Ce qui est bien préférable.

Ceci tuera cela.

Faites de la politique armée.... nous entrons dans une époque où les questions financières domineront les questions politiques et vous donneront toujours tort.

Nous vous laissons à vos remords ; à votre abaissement dans une victoire qui n'est pas un succès, l'intendant Robert vous ayant de longue date livré l'armée.

A temps donné il fallait des moyens de liquidation, comme la Kabylie, la Syrie, le Mexique, et vous avez, à cette heure-là, été son instrument.

ÉPILOGUE

Au moment de faire paraître ces lignes, la Presse fait connaître, sous forme de tentative, supposons-nous, votre désir de recourir à un emprunt ?

Vous avez, après votre victoire, augmenté vos impôts ; pourtant vous étiez plus fortunés. A l'heure présente vous voilà néanmoins OBÉRÉS d'une façon *qui va grandissant !*

Vous n'avez pas pris part à notre exposition universelle, donc votre commerce et votre industrie vont devenir inconnus ou oubliés.

Vos plus grandes maisons industrielles s'en ressentent déjà : leur ébranlement commence.

Chaque jour le chômage atteint vos populations par milliers à la fois.

C'est la permanence de la révolte du désespoir.

Les ateliers les mieux intentionnés répudient vos nationaux, au souvenir de la guerre d'espionnage que vous nous avez faite.

Vos nouvelles possessions vous inquiètent, et leurs charges vous écrasent.

Elles sont désertes, et nous savons que ceux qui y restent, n'y restent que pour le culte de leurs tombes !

Que de tristes choses encore (que nous pensons,) résultent journellement de votre attaque à la France.

Alors comment pouvez-vous espérer un prêteur ?

Mais vous ne cessez d'aller d'erreurs en erreurs ! ! !

.   .   .   .

Grâce à vous, depuis votre intrusion, les nations sont gênées ; les pensées sont assombries. Il s'est déroulé sur toute l'Europe comme un immense nuage nébuleux, qui nous enveloppe et nous stupéfie. On dirait que la transformation au Cosaque s'apprête, vos nationaux en souffrent plus que les autres.

L'unité allemande que vous avez voulue ne peut être qu'éphémère : Vous mort, un craquement terrible déchirera votre pays.

Ne savez-vous pas que le système d'un seul ne peut avoir de consistance assurée. L'arbitraire en matière de gouvernement n'est plus aujourd'hui accepté. Les peuples se gouvernent administrativement.

Prince, il ne vous reste QU'UN MOYEN *de relever financièrement* votre pays et de *rétablir la prospérité* dans les deux états.

RENDEZ A TITRE GRACIEUX (*c'est ainsi qu'il faut faire,*) l'Alsace et la Lorraine. (Les limites du Rhin vous sont une sécurité suffisante) et demandez sincèrement l'Amitié de la France.

Mais il faut faire vite, si vous ne voulez être débordé et aller à l'abîme ! ! !

Et en terminant, reconnaissez avec nous une appréciation sincère : si vous n'aviez point fait la guerre à la France ou, si seulement la France avait été victorieuse, l'Allemagne d'aujourd'hui serait riche et prospère.

Mars 1879.

J. BART.

APPENDICE

Ce qui précède, aurait dû être publié en mars 1879 ; un voyage hors d'Europe nous en avait fait remettre le soin à un ami que la mort est venue surprendre peu après.

En mars 1879, le moment était opportun, pensions-nous, à cause du besoin d'argent qu'avouait l'Allemagne tentant un emprunt ; recherche dont l'insuccès en la maintenant aux prises avec la gêne, dans l'impossibilité de rien entreprendre de ses projets de consolidation et de progrès intérieurs, la laissait aux soucis de la dette publique grandissante comme nous le marquions au cours de cet aperçu ; aux amertumes de son impuissance et aux terreurs de son discrédit.

Elle a, à ce moment, fait expérience de son isolement.

Ce délaissement aura des conséquences graves, si le Grand Chancelier ne veut écouter la voix de la raison, dans l'effondrement latent, naturel, inévitable, découlant de la force des choses, qui se prépare de l'Empire Allemand.

A moins qu'agissant de sagesse, l'Empereur et ses Conseillers, cédant à l'évidence, à la logique de notre proposition de rendre à titre gracieux l'Alsace et la Lorraine si françaises de cœur ; l'Allemagne ne retrouve ainsi par une amitié des deux peuples, aux *applaudissements de toute l'Europe*, LE CRÉDIT qui lui manque aujourd'hui, sans lequel elle restera toujours impuissante quoiqu'elle fasse.

Les délimitations de Territoire qui sont dues à la force ne sont pas, de notre temps, de longue durée, qu'elle y pense.

Les réflexions contenues dans la présente brochure seraient peut-être restées inédites ; mais la lettre du Député au Reichstag Allemand, M. Buhler, et les propositions de M. le Député Liebnecht au Reichstag, en affirmant nos convictions, leur donnent un regain d'actualité.

Cette publication arrivera d'autant plus à point que la situation triste, fâcheuse, pénible de l'Allemagne s'accentue de jour en jour.

Dans la lettre de M. Buhler à feu M. Gambetta, pour la paix et le désarmement des Nations dans une certaine mesure, M. Buhler invoque la paix et dit avec une sincérité incontestable :

« C'est avec conviction que je crois pouvoir affirmer que dans
« les replis les plus cachés du cœur de tout Allemand, *sans en*
« *excepter* le prince de Bismarck, on ne saurait découvrir un
« désir quelconque de guerre.

Puis M. Buhler propose de conserver à son pays l'Alsace et
la Lorraine qu'il déclare *de droit et de justice.*

Là est son erreur. Cette possession n'est pas nécessaire à
l'Allemagne pour sa défense ; elle est une cause de dépenses
annuelles colossales ; en outre, l'Allemagne n'y a point de sympathies !

Dans ces conditions, l'entêtement de M. Buhler et de ses
partisans est tout simplement insensé : Il faut avoir la force de
se l'avouer à soi-même.

L'Allemagne ayant donc tout intérêt à rendre l'Alsace et la
Lorraine, de quelle manière doit-elle s'exécuter ?

Nous avons dit que rendre à titre gracieux nous a paru la
seule solution possible.

En effet, admettons que l'Allemagne demande une indemnité
pécuniaire pour rendre ce territoire à la France : Nous acceptons
nous sommes prêts à nous soumettre à cette condition ; mais
ce rachat, cette rentrée en possession sous forme matérielle ne
changerait pas la situation psychologique, si nous pouvons employer ce mot, des deux nations ; le sentiment national français
resterait froissé et la condition de paix ne serait pas assurée.
L'Allemagne se serait délivrée d'une charge écrasante ; mais sa
situation intérieure ne serait pas modifiée.

Il n'y a donc pas lieu de s'arrêter à une telle proposition,
car l'Allemagne gagnera d'avantage, *pécuniairement,* à rendre
à titre gracieux et en rentrant en amitié.

A titre gracieux doit amener l'entente cordiale par la recon-
naissance assurée, garantie si l'on veut, dans ce sentiment
délicat, profond, d'honneur, particulier à la France, et surtout
effacer les rancunes par ce besoin d'union pour les grands in-
terêts financiers qui font seuls la force et la prospérité des
nations.

L'économie financière occupe aujourd'hui en premier tous les
bons esprits et domine tous les peuples ; c'est indiscutable et
l'Allemagne le sait plus que tous autres, puisque la guerre de
1870 a amené la ruine publique chez elle en détruisant son
crédit.

Or, nous le demandons, l'Allemagne rendant à titre gracieux
l'Alsace et la Lorraine, les acclamations d'admiration que nous
entendons déjà en France pour un acte si maguanime, nous
permettraient-elles de lui faire la guerre ; et la pensée de la
revanche peut elle subsister ; n'est-elle pas détruite, et ne serait-
elle pas pour nous une honte devant toutes les Nations ?

Est-ce que rentrant de la sorte en possession de nos provinces, notre sentiment de. fierté nationale n'est pas plus satisfait que par l'orgueil d'une victoire d'armée.

Nous nous en rapportons à tous les gens de bonne foi.

M. Buhler convient que son pays demande la paix ; Voici en quels termes il l'explique :

« Beaucoup de gens donnent à cet ardent désir de la paix
« dont les Allemands *ne se cachent pas* une fausse interpréta-
« tion ; ils prétendent que la nation Allemande n'est *pas en état*
« de supporter plus longtemps *les charges onéreuses* que lui
« impose l'entretien de sa nombreuse armée et qu'il ne s'agit
« pour la France, beaucoup plus riche, que de guetter le mo-
« ment *déjà proche*, où l'Allemagne SUCCOMBERA MATÉRIEL-
« LEMENT. »

« On aime à croire en outre, que le mécontentement qui se
« fait jour de temps en temps sur tel ou tel point, *concernant*
« *la situation intérieure*, ainsi que cela est arrivé dans tous les
« pays, *est un présage certain de la chûte prochaine de l'unité et*
« *de la puissance allemande.*»

Eh bien, puisque vous avez tant d'intérêt à la paix, assurez-là ainsi que nous vous le proposons ; vous retrouverez le crédit si nécessaire à votre existence ; vous aurez ramené la confiance, par suite les transactions, d'où découle la prospérité, non-seulement chez vous, mais dans tous les Etats d'Europe.

Alors, mais alors seulement, le désarmement qui vous préoccupe seul, ne fera plus question.

Puis, plus récemment, (Séance du 11 janvier 1883,) M. le Député Liebnecht vient dire à la tribune :

« En 1871. j'ai voté contre l'annexion parce qu'elle était un
« *crime* de lèse-humanité, et parce qu'on rendait permanentes
« ainsi en France les idées de revanche. »

Alors, il propose l'autonomie de l'Alsace et de la Lorraine.

Nous constatons tout d'abord que M. le Député Liebnecht est de notre avis ; que les deux provinces ne peuvent rester à l'Allemagne et il en donne les raisons.

C'est comme l'a dit M. le Député Buhler l'obligation d'entretenir des armements formidables ; les dépenses considérables que cet état armé occasionne ; l'absence de sympathies pour l'Allemagne dans le pays annexé ; le désir de la paix et le besoin de cette prospérité générale devant résulter d'une bonne entente entre les deux peuples.

Certes, les déductions de M. le Député Liebnecht sont excessivement justes et sensées. En proposant l'autonomie, nous estimons qu'il a fait faire un grand pas vers notre proposition tendant à la remise à titre gracieux, car nous persistons à dire qu'il n'y a pas d'autre solution admissible ; parce que pour arriver à l'autonomie, existât-elle, fut elle établie, qu'il faudrait encore savoir si l'état autonomique, conviendrait à la population précédemment française, ou si elle ne resterait pas dans le malheur.

La population examinera si ses intérêts ne seraient pas plus grands par son rattachement à un grand pays, prospère et riche comme la France, pour nous servir des termes mêmes de M. Buhler.

Si au contraire, le pays était neutre, sans aspirations, sans besoin de se mouvoir, concentré en lui-même, il tomberait dans cette torpeur, cet anéantissement qui arrête dans les grandes entreprises et conduit moralement à cette sorte d'abêtissement dont les pays neutres nous donnent l'exemple.

Veut-on dès-à-présent laisser parler les Alsaciens-Lorrains et recueillir leur assentiment pour l'un ou l'autre gouvernement, maintenant que l'Allemagne a régné sur eux ?

Hélas ! les inondations récentes amènent la réponse.

La misère déjà si grande dans ces provinces *depuis l'annexion* à l'Allemagne, s'est accrue par les ravages des fortes inondations dont elles ont été affligées, comme nous, du reste, en France ; au milieu de leurs douleurs et de leurs souffrances, de leurs privations et de leur gêne, les Alsaciens-Lorrains *ont refusé les subsides* de leur Empereur.

Puisqu'ils ne veulent pas des générosités du vainqueur, à plus forte raison de son gouvernement et de la nationalité !

Leur protestation est palpable, irréfutable, avérée ! !

Il est clair, net, évident, que les Alsaciens-Lorrains veulent rester français !

Si dans ces conditions vous tentiez de nous faire la guerre, M. de Bismarck, nous inscririons tout d'abord, leur nom sur nos drapeaux !

Songez bien en outre, que nous n'avons plus au ministère de la guerre l'Intendant Robert pour vous livrer l'armée française ; qu'au milieu des énormes changements survenus, il n'y a plus aucune influence qui pourrait être funeste.

Songez que les autres intendants qui ont laissé l'armée manquer de tout, aussi bien dans la dernière guerre que dans celle d'Italie, alors que pour cette dernière Gênes regorgeait d'approvisionnements, viennent d'être placés sous les ordres du commandement, *ce qui rend enfin, nos armées possibles.*

Les conditions ne sont donc plus les mêmes et nos soldats peuvent espérer désormais d'avoir le nécessaire pour entretenir leur ardeur.

Ecoutez mon souvenir qui remonte à la guerre d'Italie et veuillez bien en tenir compte pour votre gouverne.

« Tant pis pour qui tombe, disaient les premiers rangs en arrivant en face de l'ennemi ; ne déchargeons pas nos armes et *en avant à la bayonnette* ! »

Quelques centaines d'hommes tombaient frappés par la décharge et les autres se précipitaient avec furie, bayonnette en avant, sur les soldats ennemis qui, fuyant devant cette impétuosité, étaient transpercés dans le dos avant d'avoir eu le temps de recharger leurs armes, tant la distance était proche.

Qu'il y a loin, n'est-ce pas, de ces valeureux hommes d'avec ceux qu'on siffle et qu'on houssine ? Que ne doit-on pas attendre de leur bravoure !

Donc, si vous tentiez de nouveau le sort des armes, vainqueurs ou vaincus, avec les ruines pour vous et pour nous, conséquences de la guerre, vous auriez de plus la réprobation de toutes les Nations jetées de nouveau dans le désarroi général ; votre pays se serait discrédité davantage et vous n'en resteriez que plus fortement, M. de Bismarck, l'homme le plus détesté de l'Europe !

L'histoire serait écrasante pour tout le mal que vous auriez de nouveau fait aux nations en pleine civilisation, sans but avouable.

Vous avez donc à choisir : ou continuer la ruine générale par vos armements, ou rétablir votre crédit par une paix amicale résultant de la cession à titre gracieux du pays annexé ;

Alors, comme nous vous le disions précédemment, l'Allemagne pourra devenir riche et prospère.

Février 1883.

J. BART.

Ancien Administrateur de la Guerre.

Paris. — Imprimerie Louis Hugonis, 6, rue Martel.

Lightning Source LLC
Chambersburg PA
CBHW062321070726
47596CB00009B/2574

www.ingramcontent.com/pod-product-compliance